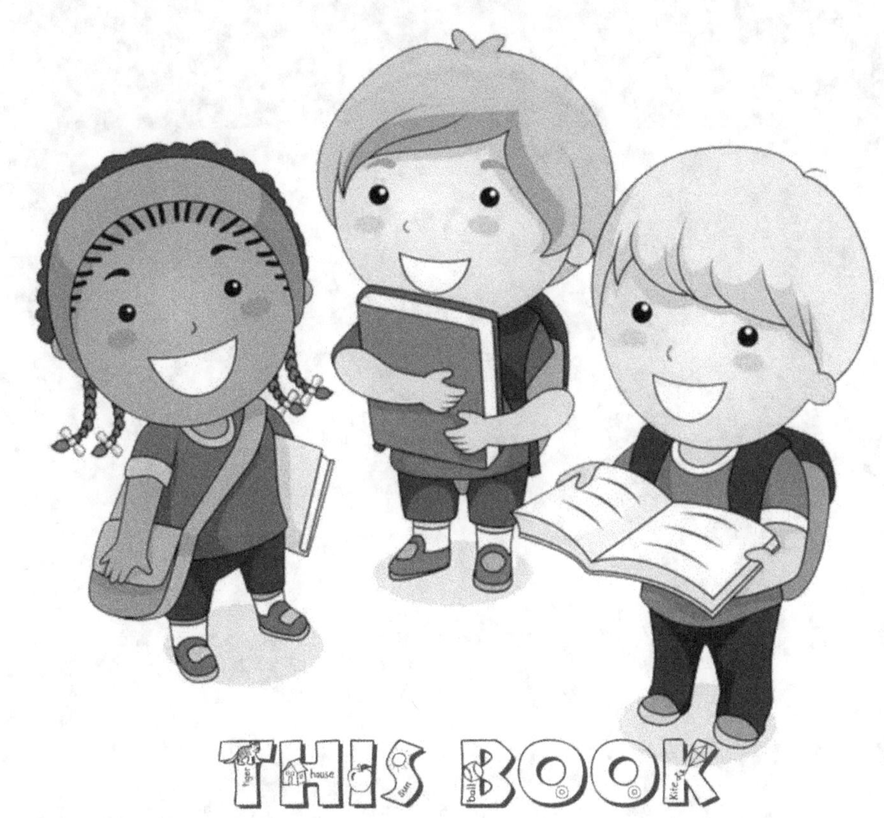

THIS BOOK

Belongs to................

....

....

2020
January
Sun Mon Tue Wed Thu Fri Sat
February
Sun Mon Tue Wed Thu Fri Sat
March
Sun Mon Tue Wed Thu Fri Sat
April
May
June
July
August
September
October
November
December

A IS FOR ALLIGATOR

A IS FOR ALLIGATOR

a

B IS FOR BIRD

B IS FOR BIRD

b

C IS FOR CAT
cat
football
sun
ring
cat
tiger
C

 C IS FOR CAT

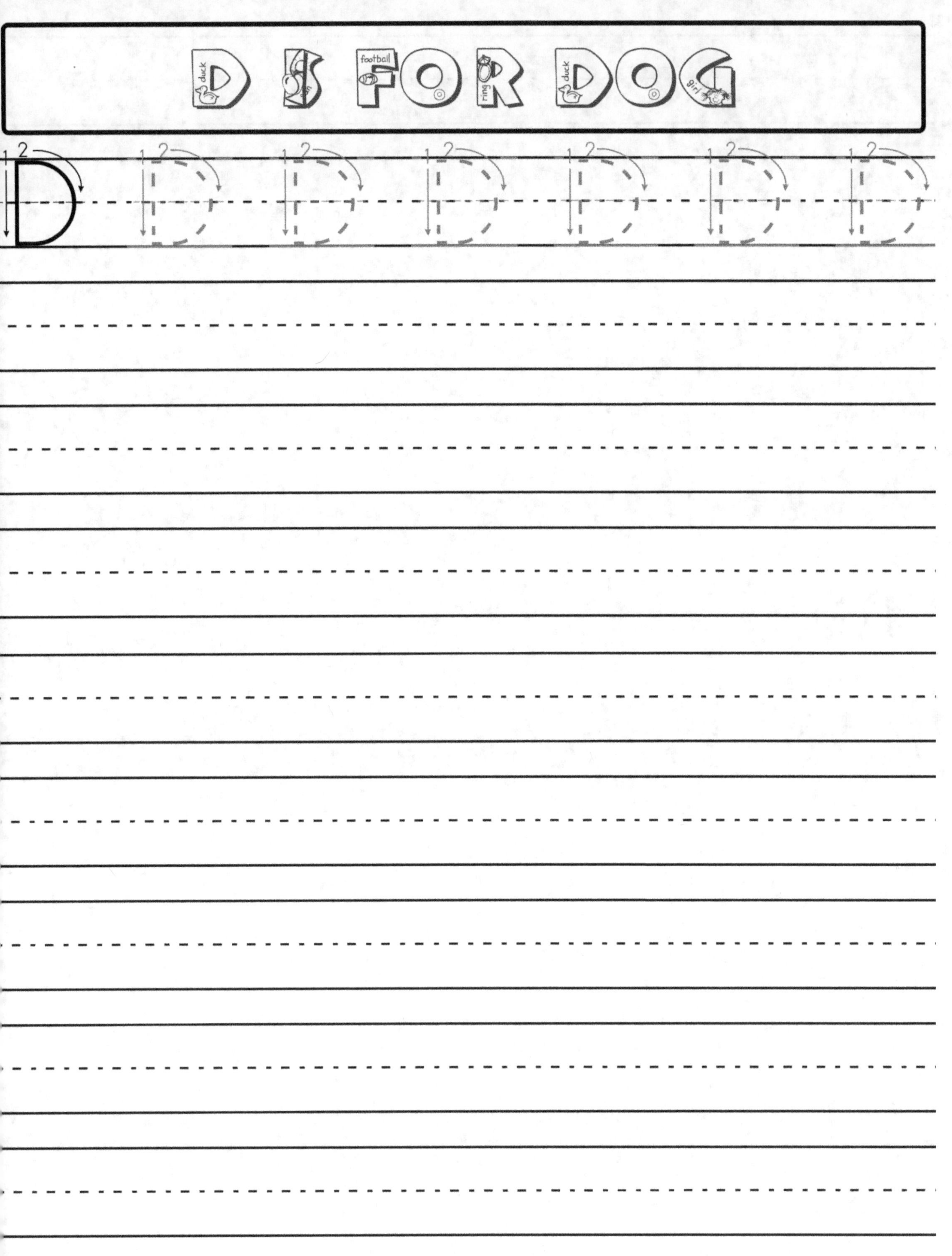

D IS FOR DOG
duck
football
ring
duck
girl

d d d d d d d

E IS FOR ELEPHANT
football
ring
sun
lollipop
pencil
house
nail
tiger

E IS FOR ELEPHANT

F IS FOR FISH
football
sun
football
ring
football
sun
house
F IS FOR FISH

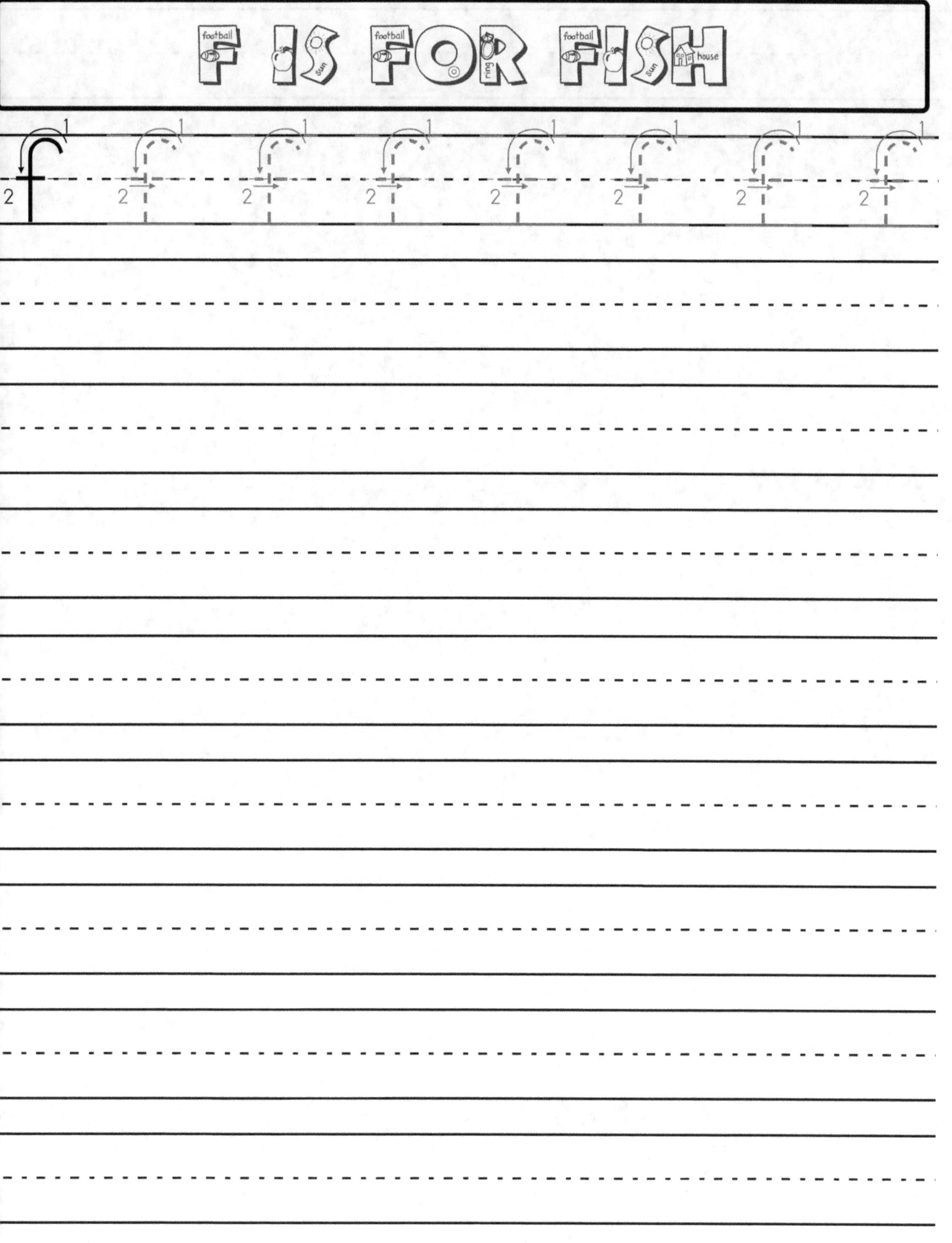

F IS FOR FISH

G IS FOR GOAT

g

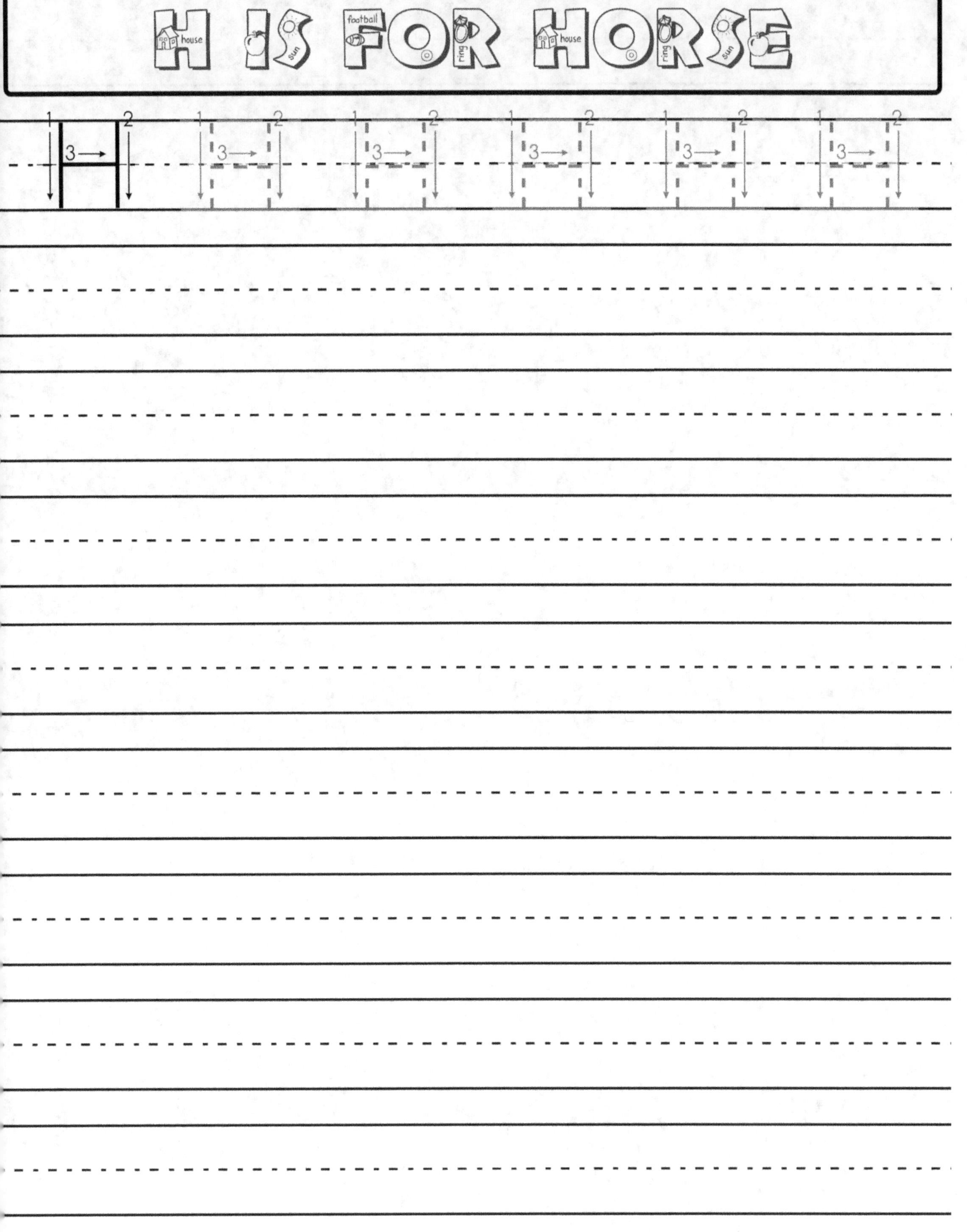

H IS FOR HORSE

H IS FOR HORSE

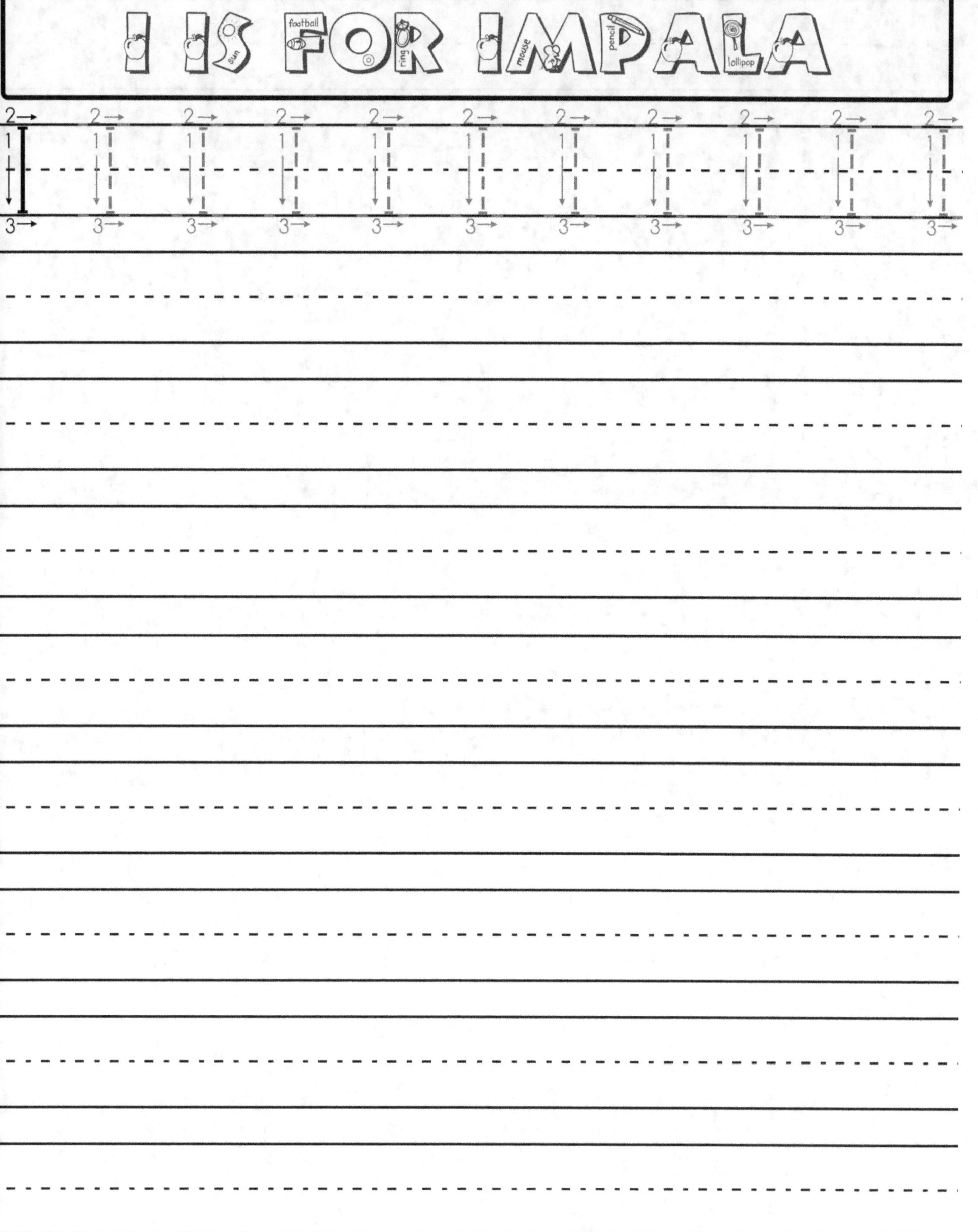

I IS FOR IMPALA
football
ring
sun
mouse
pencil
lollipop

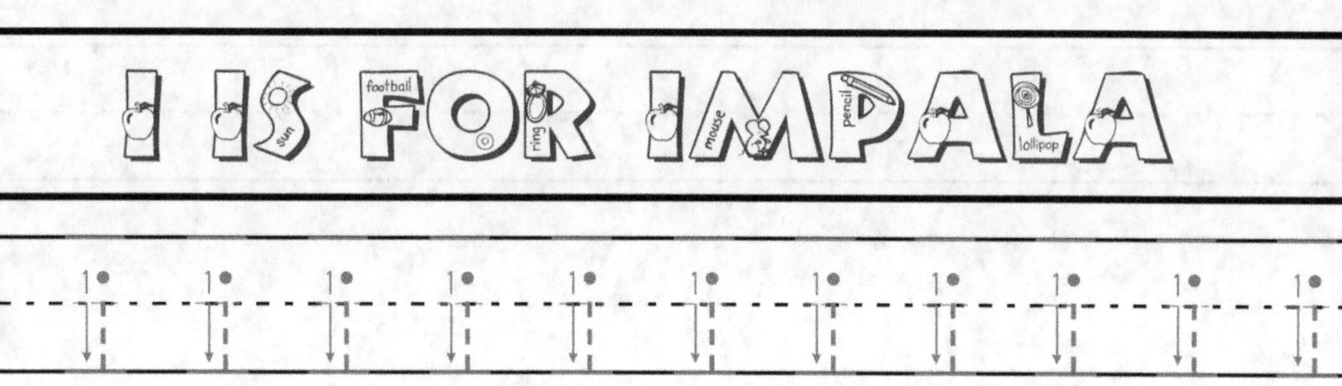

I IS FOR IMPALA
football
sun
ring
mouse
pencil
lollipop

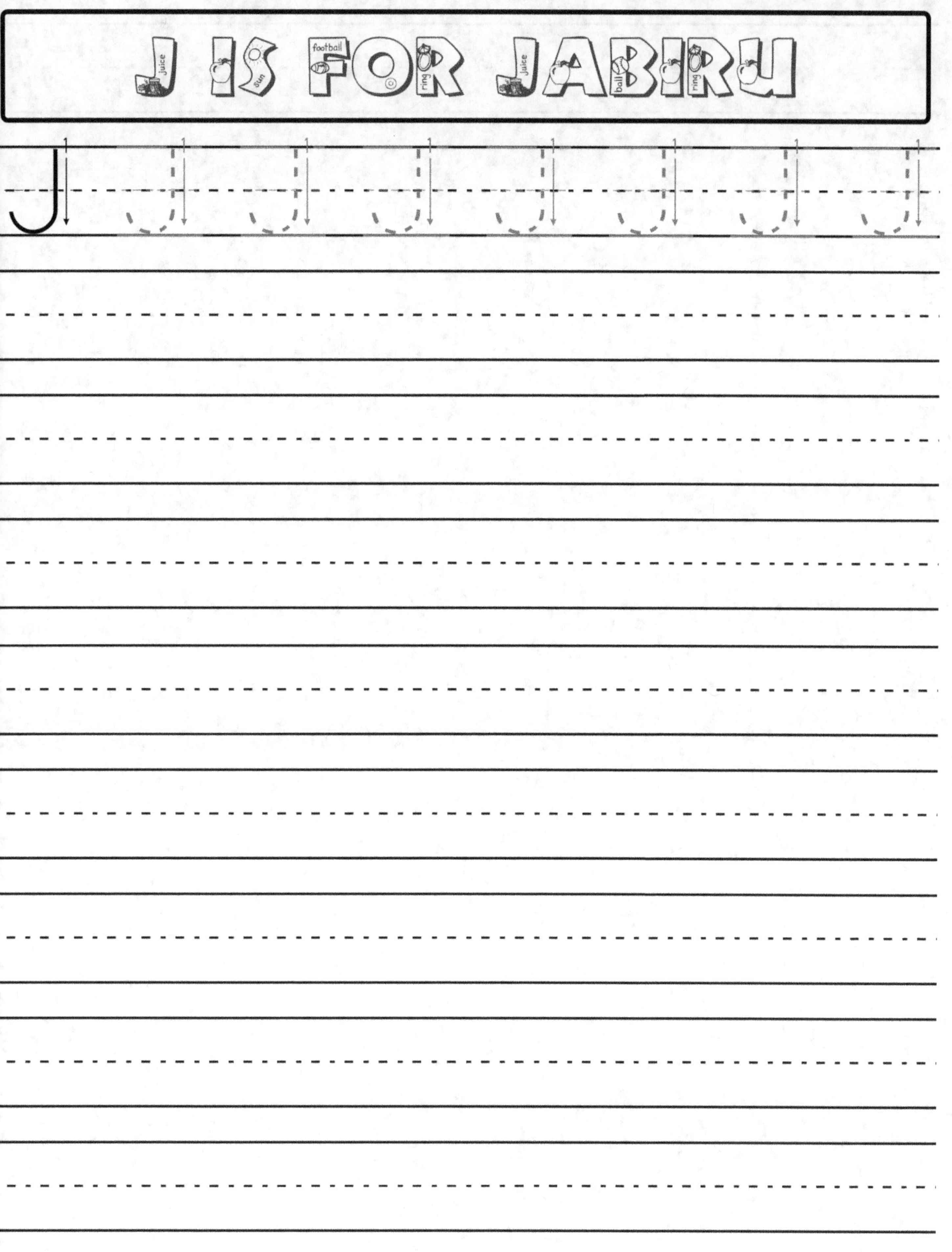

J IS FOR JABIRU
J

J IS FOR JABIRU

j j j j j j j j j j j

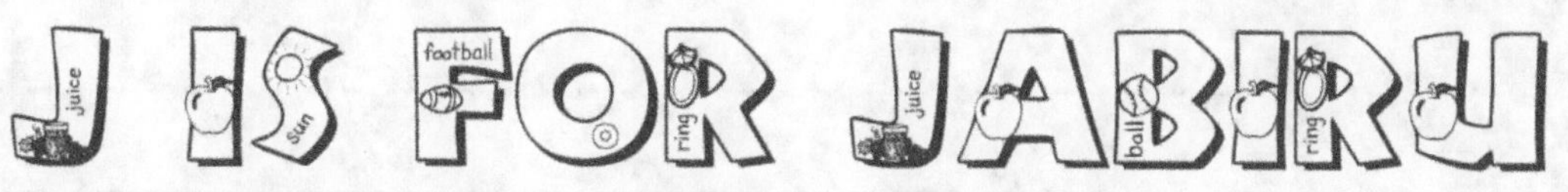

K IS FOR KAKAPO

K IS FOR KAKAPO

L IS FOR LION

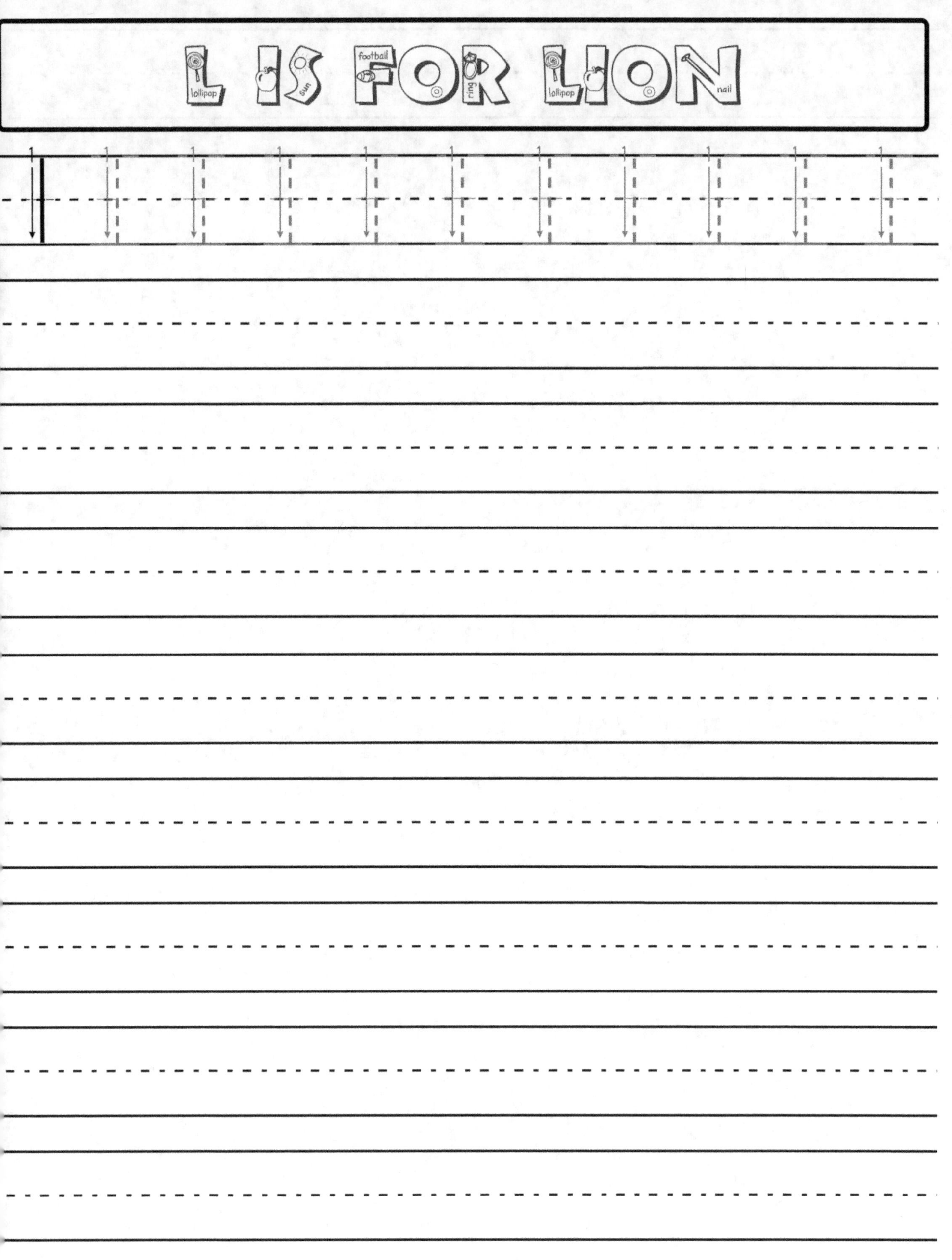

L IS FOR LION

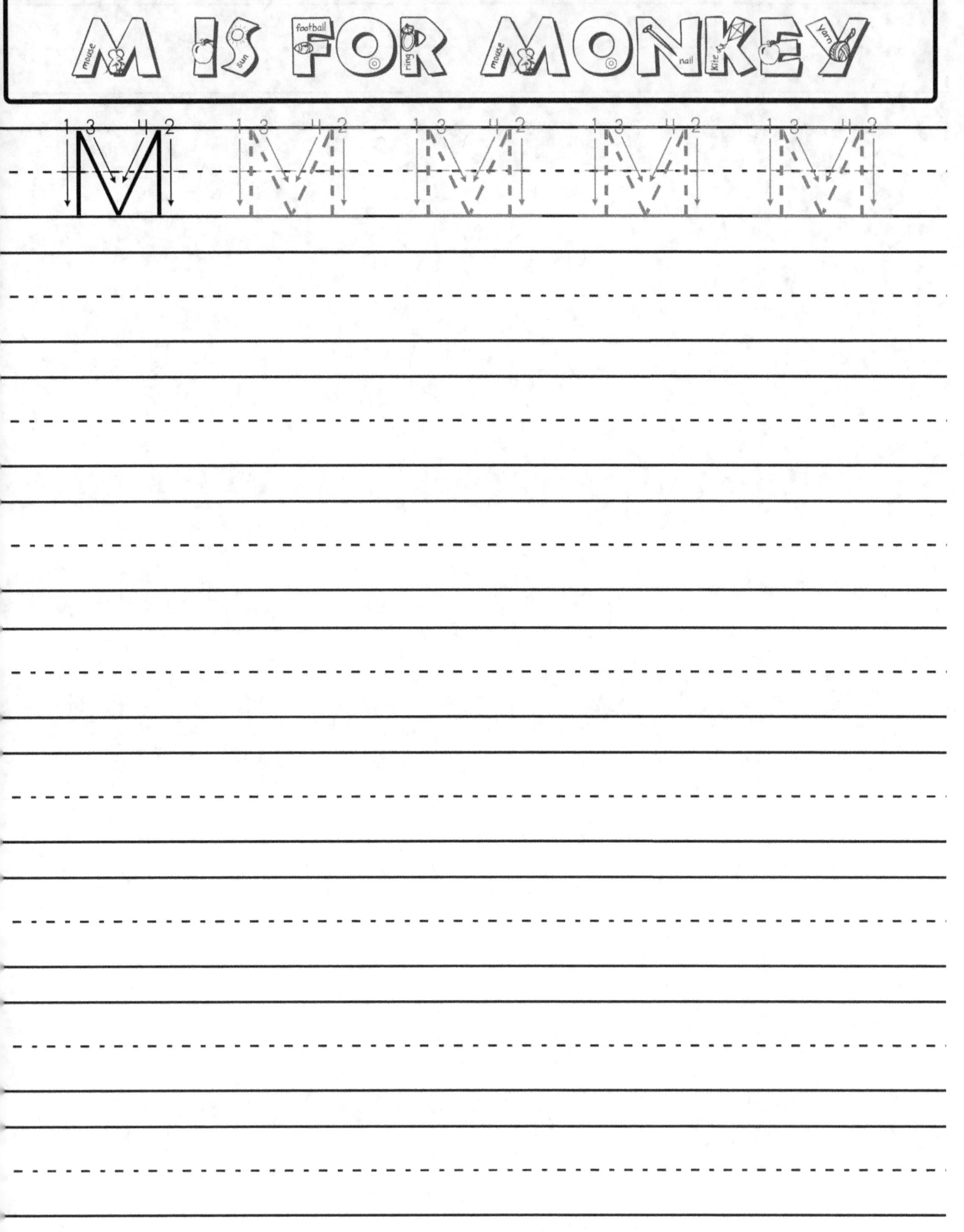
M IS FOR MONKEY
M M M M M M M M M M M

M IS FOR MONKEY

1 2 3 m 1 2 3 m 1 2 3 m 1 2 3 m 1 2 3 m 1 2 3 m

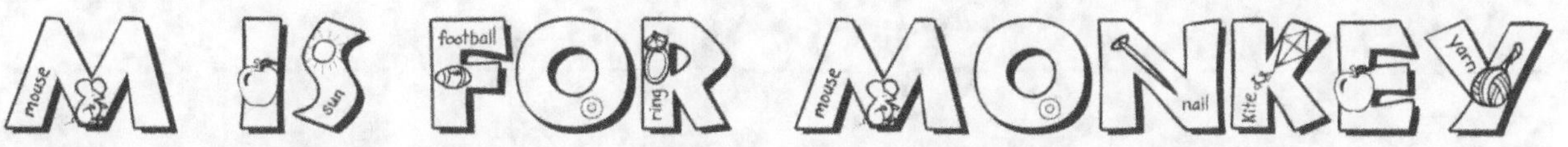

N IS FOR NUMBAT

O IS FOR OKAPI

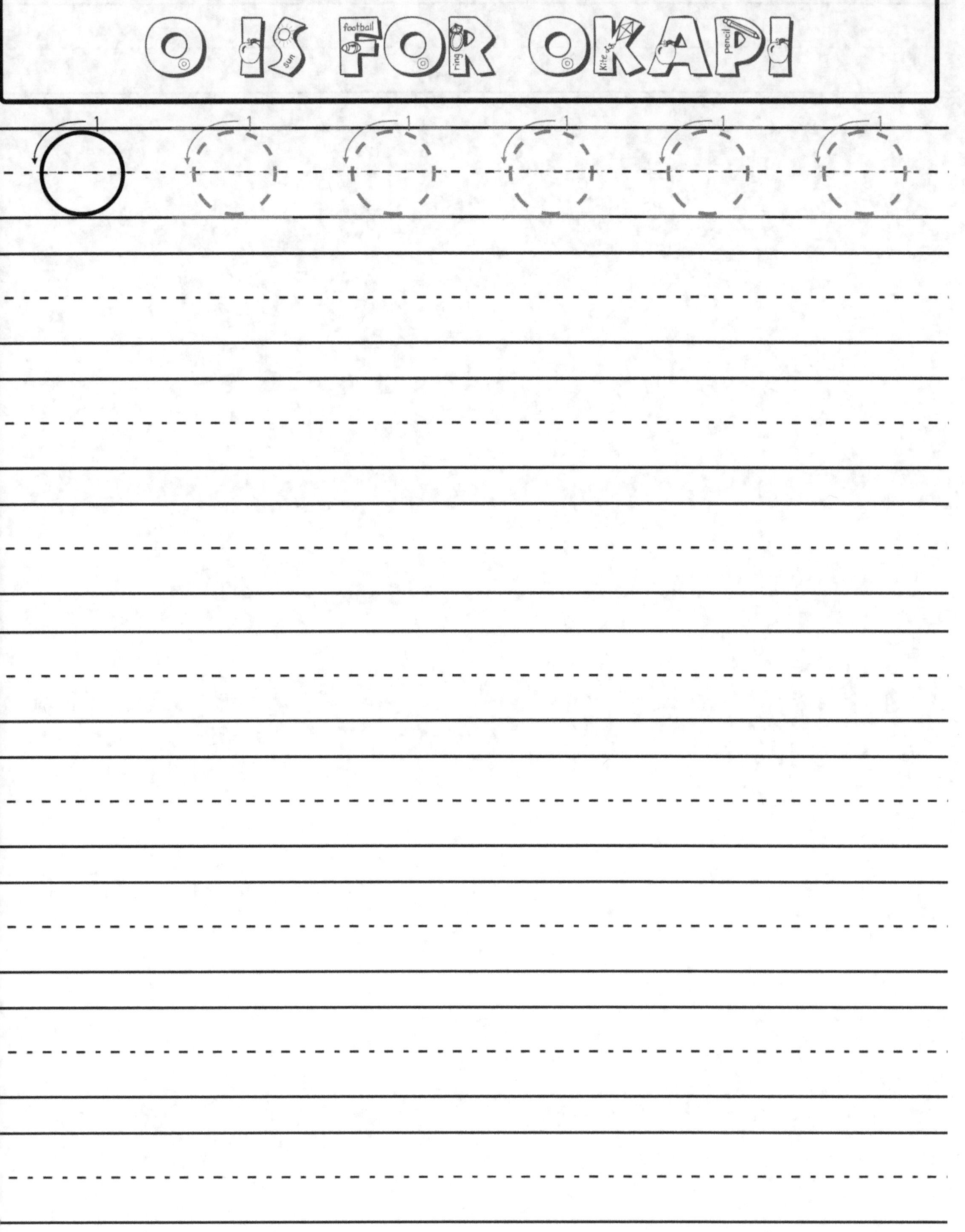

O IS FOR OKAPI

P IS FOR PANDA
pencil
sun
football
ring
pencil
nail
duck

P IS FOR PANDA

Q IS FOR QUAIL

q   q   q   q   q   q   q

R IS FOR RABBIT

R IS FOR RABBIT

S IS FOR SCORPION

S IS FOR SCORPION

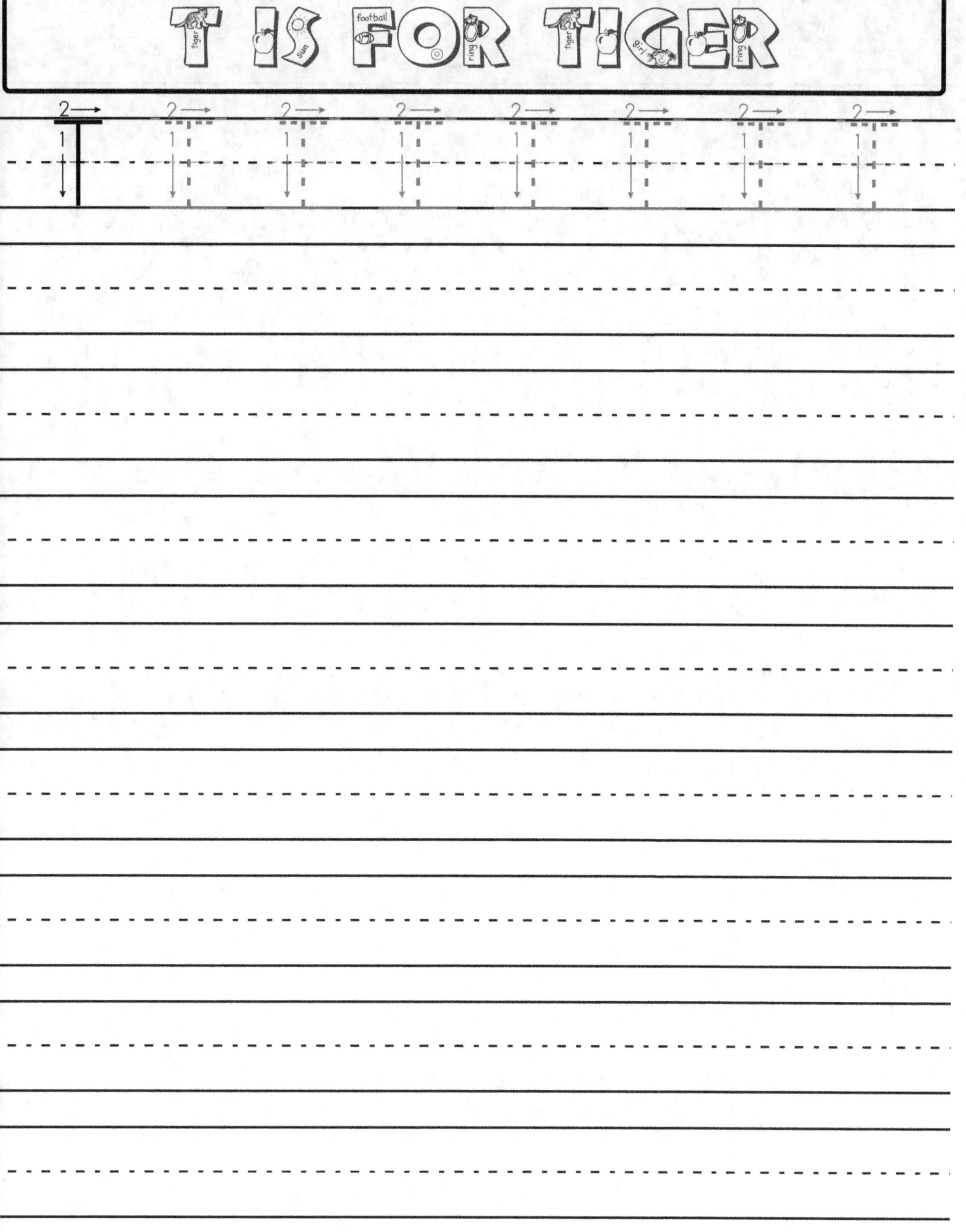

T IS FOR TIGER
tiger
sun
football
ring
tiger
girl
ring

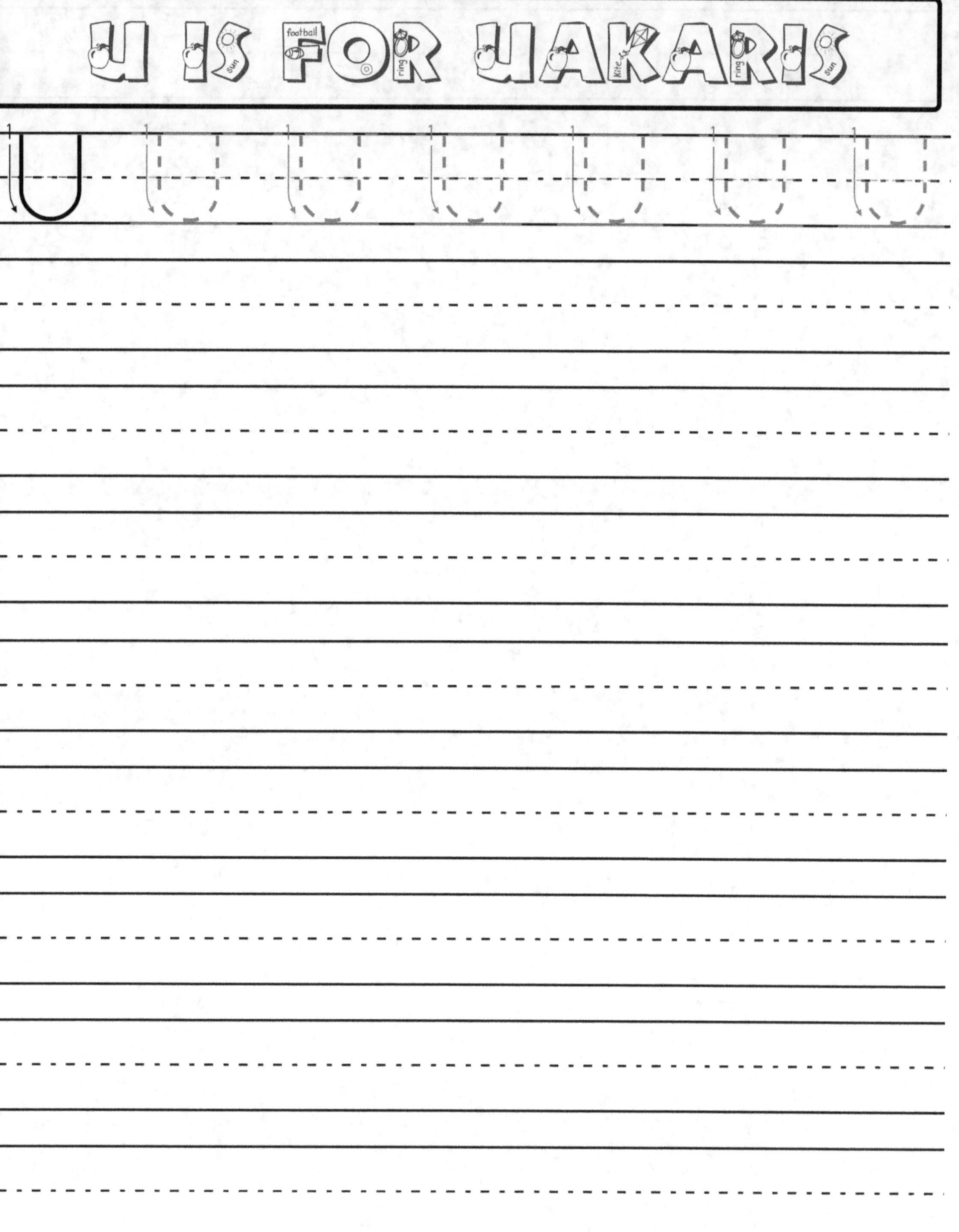

U IS FOR UAKARIS

U IS FOR UAKARIS

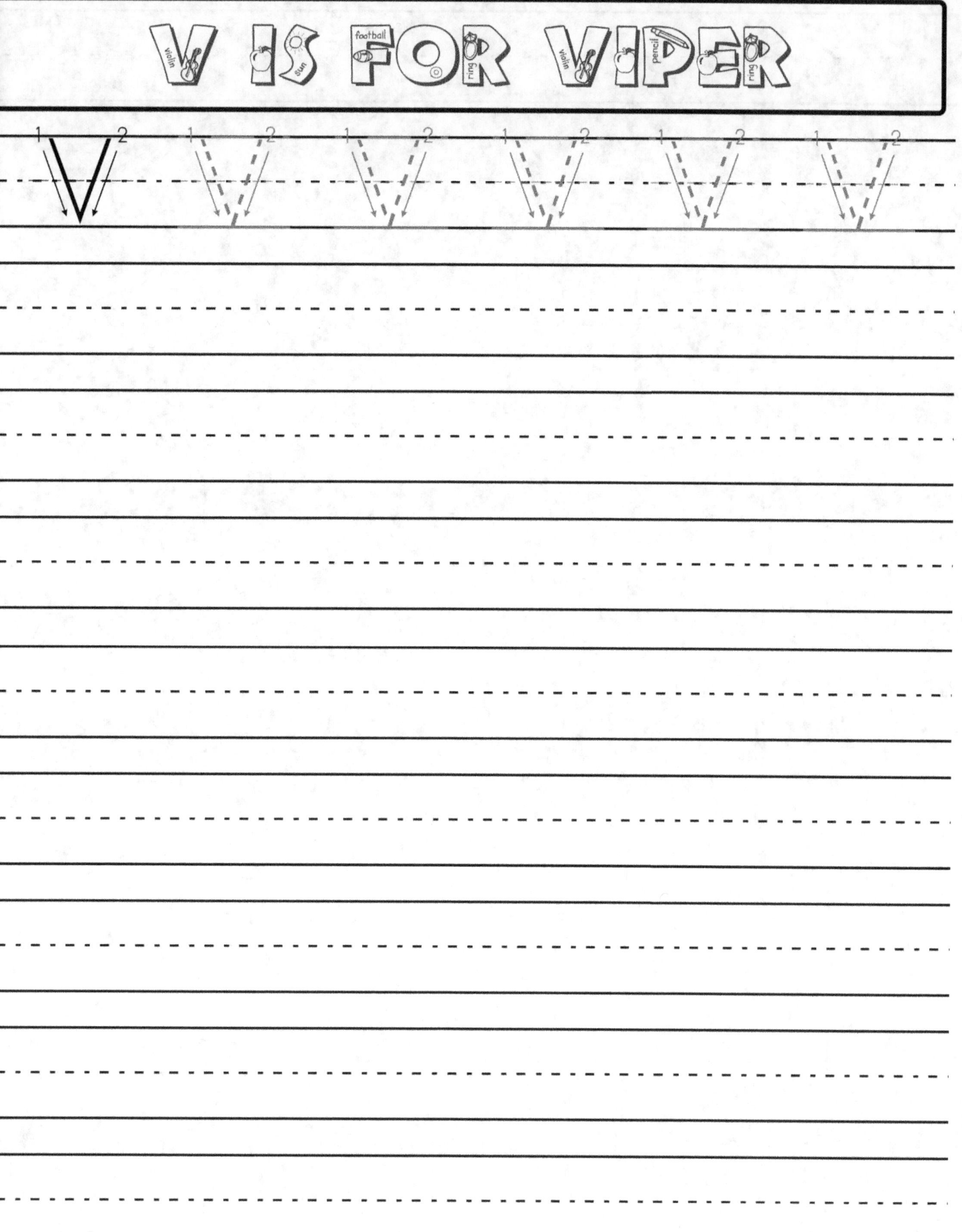

V IS FOR VIPER

V IS FOR VIPER

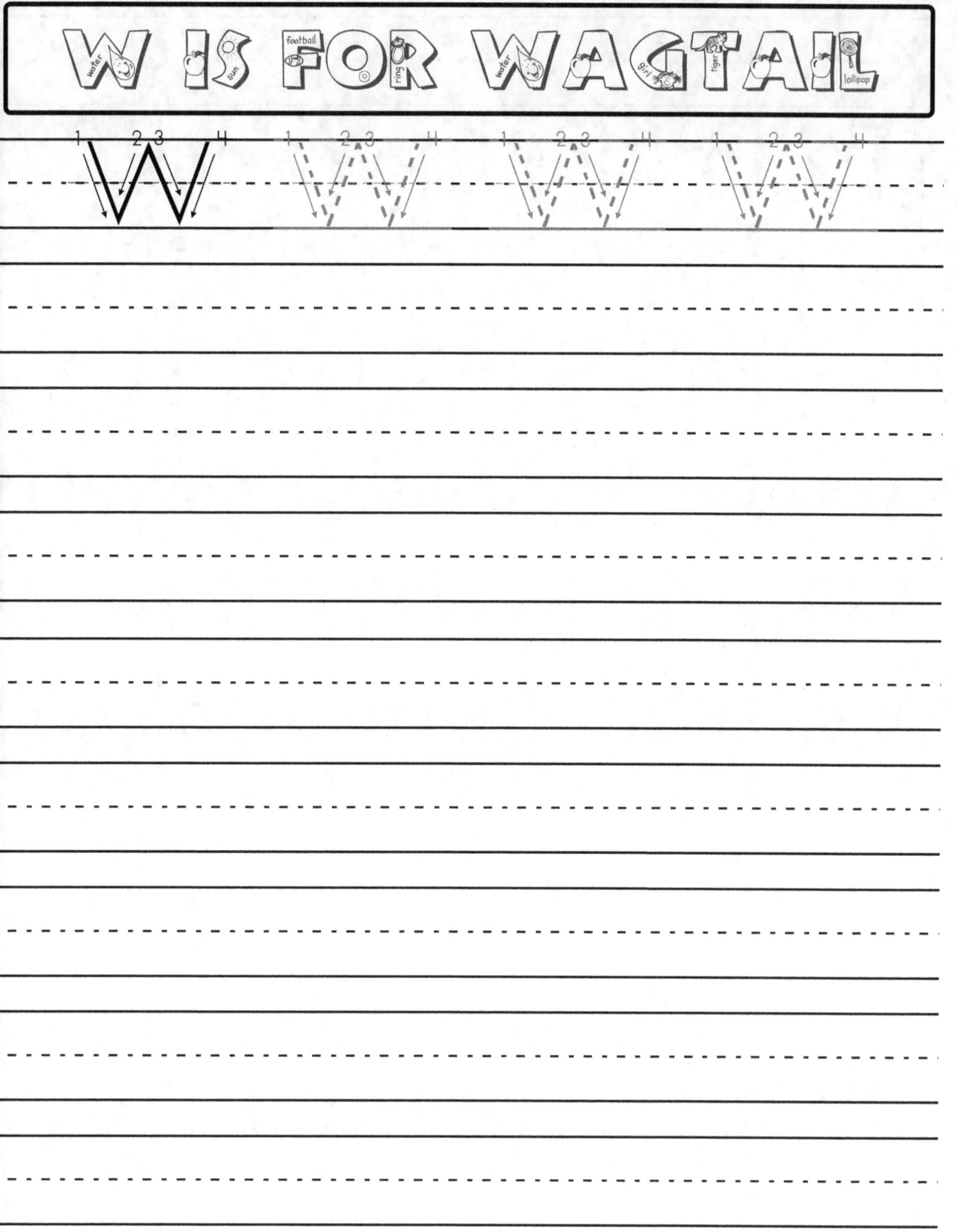
W IS FOR WAGTAIL

W IS FOR WAGTAIL

X IS FOR XERUS

X IS FOR XERUS

1 2 X 1 2 X 1 2 X 1 2 X 1 2 X 1 2 X 1 2 X 1 2 X

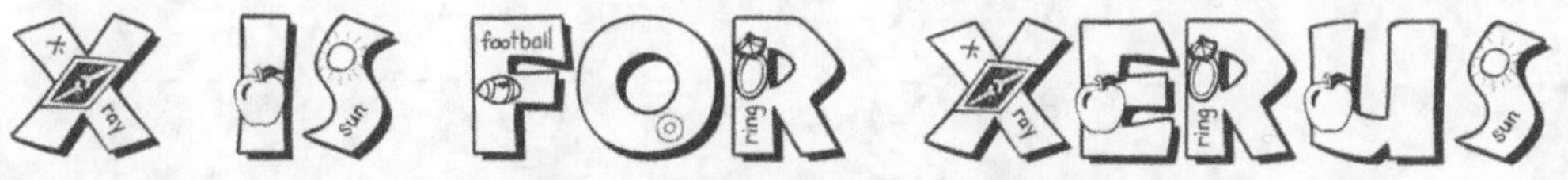

Y IS FOR YAK

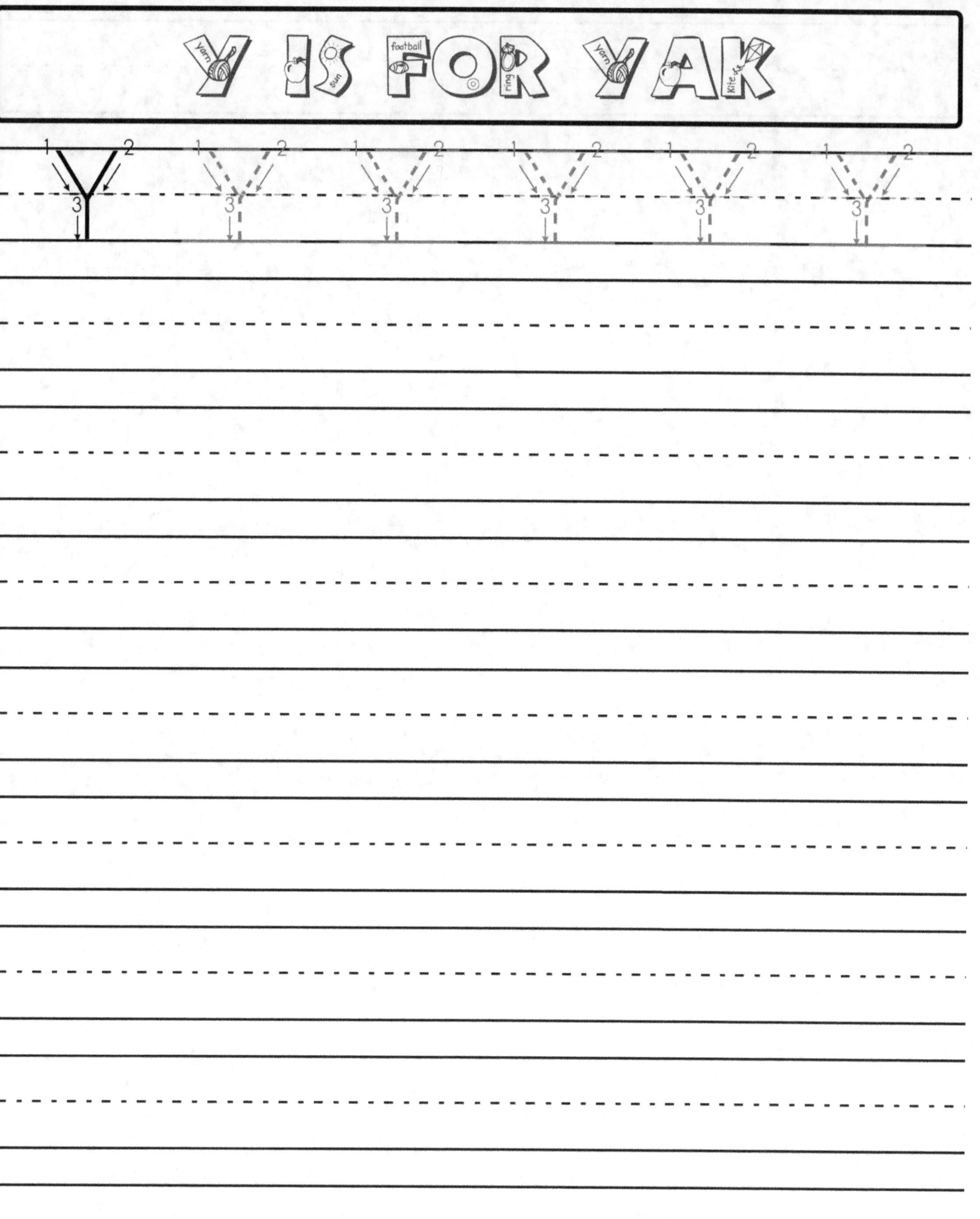

Y IS FOR YAK
Yarn
football
sun
Yarn
Kite

Z IS FOR ZEBRA
zipper
sun
football
ring
zipper
ball
ring

Z IS FOR ZEBRA